JN418619

동그라미의 만족

동그라미의 만족

홍현숙 시집

詩와에세이

2011

차례__

제1부

보름달 · 11
먹자골목의 하루 · 12
동그라미의 만족 · 14
마당 · 16
입관 · 18
매운 밤 · 20
장마, 그 후 · 22
입춘에 묵사발이라니 · 24
눈이 쓰다 · 25
선거 춤 · 26
그해 오월 · 28
무량사에서 · 30
화원 '꽃이야기' 가 수런거리는 동안 · 32
내부수리 중 · 33
위내시경 · 34
저녁 미사 · 36

제2부

사과 한 봉지 · 41
단단한 침묵 · 42
선택받은 1퍼센트와 1분의 운명 · 44
국형사의 아침 · 46
성게의 진실 · 48
낯설고도 기이한 · 49
다큐― 같은 · 50
추석 무렵 · 52
블랙홀 · 54
사랑니 · 56
브레이크를 밟다 · 58
황사 · 60
탈레반 여인 · 62
분실 · 64
중앙시장 뒷골목에 가면 · 66
전원이 꺼지다 · 68

제3부

연두에 찔리다 · 71
파리똥 · 72
포구의 저녁 · 74
물먹은 하루 · 75
실란에게 마음을 · 76
말에 붙들려 · 78
나이 오십 · 79
쎌렘 · 80
무당벌레 · 82
산수유꽃 · 84
어떤 실화 · 86
보배네 수선집으로 가는 길 · 88
허브 향 · 90
흘려버린 것들을 위하여 · 92

제4부

불면증 · 95

가뭄대책위 · 96

안개구간 · 98

초경 · 100

주문을 외우다 · 102

배부른 죄 · 104

몽마르트르를 꿈꾸며 · 106

태화산 풍경소리 · 108

제초하는 날 · 110

뉴스와 함께 사라진 남자 · 112

이별식 · 114

아마추어 시인이 보낸 메일 · 116

발은 속일 수 없다 · 117

기다림 · 118

외로움이라니 · 120

해설 · 121

시인의 말 · 143

제1부

보름달

모자랄 것도
더 채워야 할 것도 없는
꽉 찬 저 원형
사랑의 종착지

먹자골목의 하루

저녁 어스름 단계택지 먹자골목에는
불타는 삼겹살집이 막창집으로
생맥주집이 소주 무한 리필집으로
닭갈비가 매운 갈비로 변신 중
투명한 소주잔이 어둠을 깨운다
달빛에 절은 사람들은 술잔에
하루치 품값을 풍덩풍덩,
텔레비전에서는 불륜드라마가 실시간으로 펼쳐지는
데
지글지글, 막창 익어가는 소리 요란하다

삼겹살이 막창으로 바뀐 간판 앞에서
신발을 거꾸로 신은 채 엉킨 시간을 푸는
약속의 격전지
먹자골목에는 밤이 길다
구석진 곳마다 터지고 울먹이는 휴대폰 벨소리
골목 끝에는 괜한 시비에 말려

순찰차에 끌려가는 사람
취객들의 내용 없는 하소연 뒤로
새벽잠에 빠져드는 골목 안
미화원은 벌거벗은 전단지를 모으고
도둑고양이들의 천국이 되는 골목
다시 여명이 찾아오고 있다

동그라미의 만족

자전거는 쇠로 만든 말
부드럽게 둥근 쇠말이다
울퉁불퉁 자갈길이 차르르 차르르
바퀴살에 감겼다 나오는
고슬고슬 부드러운 길

자전거 바퀴살이
바람을 감고
햇살을 감고
빗물을 감아 꿈을 만들고

자전거 페달은 곰발바닥
발바닥으로
길의 기척을 읽는다
피아노소리가 밟히는 주택가 골목길을
먼지 풀풀거리는 시골 신작로를
매연 가득한 도시 아스팔트길을

읽는다
내 발바닥은 페달과 하나다
나는 동그라미 두 개 위에 앉아
길을 돌돌
둥글게 말며 간다
나가고 있다

마당

"야들아, 너 아부지 죽을라꼬 혼이 떴지 올봄에 일없이 황토 흙 석 짐이나 져다 이 마당에 펴 붓는 기라"

온기 사라진 마당에 잡풀들 널브러져 있다
군데군데 빗물 고였던 자리
걱정을 달고 살던 아버지 눈두덩처럼
웅덩이 움푹 파여 있다
거름더미 곁에 서서 쇳물 흘리는 경운기
탕 탕 탕, 그 소리 아득하다
아버지는 속이 터질 때마다 경운기에 시동을 걸어
시퍼런 들판으로 나갔던 것이다
경운기는 논둑 밭둑 다니며 깊은 바퀴 자국을 내고
장화 신은 아버지는 논 갈고, 밭을 일구었던 것인데
마당가에서 몇 나절 멈춘 채 삭고 있다
사랑채 처마 끝, 반쯤 기울어진 88오토바이 서 있다
나이를 먹어도 아직은 탈만하다고 아끼던 자가용
아버지는 가끔 말없이 그에게 마음을 접어 싣고

씽 씽 씽 달렸던 것이다
영문도 모른 채 황토 흙에 박혀 쓰러져가는
오토바이 안장에
아버지 엉덩이 자리 흐릿하게 찍혀 있다

단단하게 굳어가는 마당가에
시퍼렇게 웃자라는 풀들
이곳을 밟고 떠난 이들을
하나씩하나씩 호명하고 있다

입관

핏줄로 엮은 인연 다 모였다
정적이 흐르고
흰 천에 감겨 냉동된 채 하룻밤
주무시고 나오는 아버지, 긴 잠에 빠져 있다
당뇨와 고혈압 뇌경색인 어머니의 병적인 잔소리와
백을 바라보는 할아버지의 철저한 사랑 속에 갇혀
자신을 학대하며 살아온 아버지
염사들이 흰 천을 벗기고
알코올 솜으로 굳은 몸을 닦는다
품었던 근심들을 말끔히 닦아낸다
입 코 귀에서 흐르는 검은 피,
아버지는 참았던 울화를 토하고
고모들은 오빠! 오빠! 연신 부르고
작은할아버지와 당숙들은
이 사람아, 그 동네는 서열도 모르나 말다,
참, 참말로 허 참!
당신 몸속에 독버섯이 자라고 있다는 통보에도

흔들리지 않았던 아버지
임종 날 아침에 호스피스 병동 화장실을 걸어서 다녀오며
누구에게도 당신의 알몸 드러내지 않던
그 몸에
노랗고 빳빳한 안동포가 감기고
염사들, 이를 악물며 묶는다
모두 정지되어버린 그에게
노잣돈으로 동전 몇 닢밖에 드릴 게 없다니
오동나무 관에 아버지 뉘어드린다
염사들은 땀을 닦고
내 몸엔 차갑도록 흰 치마저고리 한 벌 감겼다

매운 밤

자꾸 밥을 짓고
자꾸 밥을 먹고
자꾸 머리를 감는
어머니를 요양원에 모셔놓고
엘리베이터 내려 현관문을 여니
집안이 온통 흐리다

"여기서 몇 밤 자고 있으믄 엄마 오는 겨?"
"네 엄니, 열 밤만 자고 계셔 그럼 모시러 올게"
"여기서 밥도 줘?"
"그럼 엄니, 밥도 주고 사탕도 주지"

다섯 살이었다가 스무 살 갓 시집 온 새댁으로
친정 갈 보따리를 챙기고 금세 일흔으로 돌아와
남의 일 댕기느라 늘 배고픈 아들 밥을 짓는 어머니
그만의 공터, 허공 속
어머니는 날마다 그곳을 넘나드셨다

아흔두 해 걸어온 기억의 샘에 물이 말라
며칠씩 광 속에 갇혀 허우적거리다가
멀쩡히 돌아앉아 또 밥을 청하는 어머니
처서 지나 서늘해진 밤공기가
맵다
창문을 몇 겹으로 닫고 블라인드를 내렸지만
어느새 좇아온 달빛이
어깨를 툭!
집 는 다

장마, 그 후

비 갠 뒤
베란다 창틀에는 미처 빠져나가지 못한 빗물
얼룩으로 남아 있고
끝내 흐르지 못한 물방울 고여
하수구 주변에 머뭇거린다
보이고 싶지 않아도 숨길 수 없는 얼굴들
검푸른 이끼로 남아 있고
젖은 빨래를 뒤집고 옷장 문을 여니
퀴퀴한 냄새로 꽉 차 있다
농 속에는 낮잠에서 깨어나지 못한 옷들
어깨를 늘어뜨린 채 잠꼬대 중인데
습기 먹는 하마가 터질 듯한 배를
움켜쥐고 하소연이다
이들 뒷수습에 만성 두통으로 지끈거리는데
옷장 거울에 비치는 노란빛 한 컷

베란다 한쪽에

저 혼자 핀 양란
일명 댄싱 걸, 온시디움
노란 드레스가 화려한
장마 그 훗날

입춘에 묵사발이라니

시름시름 몸살기 끌어안고
홍업묵집에 들어 밥도 간식도 아닌
묵 한 사발 먹는다
때맞춰 들려오는 입춘 소식
뒷심 좋은 겨울에 밀려 명찰만 매달고 나온
입춘이 오돌오돌 떨고 있다

라디오 음악프로에서는
며칠 전 죽은 환경미화원을 오프닝에 올리며
오늘이 장례식인데
그 죽음이 '과로사냐, 아니냐' 라며
뜬소문 취급을 한다

진원지 모를 이 허기
묵사발 한 그릇에 입춘을 반납하고
조용히 돌아선다

눈이 쓰다

어느 사찰 주지 스님이
여자랑 놀아나다가
술집 접대부를 토막살인 했다는
기사를 읽다가

깨끗한 후보 기분 좋은 후보 기호 1번
특가세일 비아그라
실시간으로 전송되는 문자를 보다가

서로 사랑하다 파멸하는 신, 추악한 신들의 이야기를
보다가

눈으로 만지고 몸이 읽어내는
어느 날 오후

눈이 쓰다

선거 춤

선거 3일 전
무대는 파리바게뜨 사거리
빨간 셔츠부대와 댄스곡이 등장하고
앞뒤 좌우 분별없이 흔들리는 엉덩이
막춤판이 볼만하다
맨 앞에서 배꼽인사하던 후보 내외의 지친 웃음이
그들과 함께 흔들리다 박자를 놓칠쯤,
길 건너 벽보 아래
할머니 한 분
그 모습 지켜보다가 단독 춤판을 펼쳤다
벙글 웃음 가득 담은 할머니 얼굴이 흔들릴 때마다
고무슬리퍼가 들썩들썩
젖가슴이 출렁출렁
한 박자씩 흘러내리는 고무줄치마
양팔을 올렸다 내렸다 엇박자가 제격인 할머니의 춤

음악이 멈추고 돌아서는 선거 홍보단 등 뒤로

잇몸 훤하게 보여주는 할머니의 짧은 콘서트 자리
그 앞에 얼굴 붉힌 남자 성큼 다가가
할머니를 잡고 줄행랑이다
뿌리치며 끌려가는 할머니는 멀어지고
사거리 콘서트 여운만
서늘하게 남는다

그해 오월

사형선고 받은 아버지를 싣고 달리던 버스가
중앙고속도로 어느 휴게소에 멈출 때
아버지 바짓가랑이 잡아끌던
영산홍꽃 무더기들
지금도 거기서 피고 있을까

"내 아직은 크게 아픈 데가 없으이 3년은 안 살겠나,
워째다 아프믄 감기다 생각하믄, 참을만하이 걱정 말그라."
속옷까지 물들이는 황달을 온몸으로 받으며
고추모를 거두 던 그해 오월, 아버지는
고추모종 대신 암덩이를 키웠다

달리는 의자에 어깨를 내어주고
유리창에 그려지는 푸르름을 놓지 않으려는
아버지 등이 움찔움찔,
버스가 흔들릴 때마다

올망졸망한 보따리에 싼 그의 과거도 함께 흔들렸다
"아버지 이런 건 왜 싸셨어요?"
"내 요만할 때 정리 할란다. 내 얼매 못산대이"
말을 하다가, 후유! 후—우!
숨이 찰진 아버지
그를 태운 버스도 휴게소에서
오래도록 숨을 멈추고 서 있던
그해 오월

무량사에서

작지만 너른
빛나되 은은한
매월당 김시습이 머물다 임종을 맞았다는 곳
무량사 절 마당에 몸을 낮춘다
오랜 시간 차곡차곡 쌓인 정취
오다가다 만난 이에게 주저 없이 내주는 감흥이 순하다
천왕문으로 오를 때 사각 틀에 모여 있는 정물화
액자 저 너머의 풍경을 가둔 틀
틀 상단에 가지 늘어뜨린 소나무와
횡으로 쌓인 석탑이 극락전 천왕문을 넘어
비로소 제 이름을 보여주고 있다
그 옆으로 빗겨선 소나무는
느티나무와 함께 있어 한결 생기를 더하고
현판 없는 영정각이 김시습의 초상화를 안고 있다
만수산에서 흘러내리는 계곡물소리에 귀를 대고
재주가 넘쳐 스스로 수습할 수 없었다는 김시습의

책 읽는 소리 듣는다
계곡물은 바위를 끌어안고 돌다가
무량사 전설을 싣고 심심하게 흐르고
우리는 몸에 좋다는 무량사 감로수를 탐하며
욕심껏 떠 마시고 있었다

화원 '꽃이야기'가 수런거리는 동안

개업선물 핑계로 발길 닿은 화원 '꽃이야기'
갓 피어오른 팬지, 영산홍 꽃잎들
봄볕에 입술 포개고 호호거리는 한나절
그들 뒤에 자존심 강한 열대식물들
개업식장으로 도도하게 실려 가고 있다
공기정화에 한 몫 한다는
스파트필럼, 아레카야자, 산세베리아
이국땅 하우스 안에서 겨울을 보내고
향수병을 이겨내고 서 있다
개업선물로 스파트필럼이 좋겠다는 내게
"얘는, 가끔 요렇게 흰 꽃으로 속을 보여 준답니다"
화원집 아줌마의 자랑이 길어지는 동안
멋쩍게 서 있던 행운목 가슴에 '축 발전'이 달린다
그들의 이름표에 몸값이 붙어 나가고
남겨진 꽃들이 수런거리는 틈
오월이 지나가고 있다

내부수리 중

아파트 뒷길에 만만한 칼국숫집 있었네
겨울 내내 내부수리 중이었네
지난여름 낡은 선풍기 하나 두고
동동거리며 칼국수 말던
아줌마는 안보이고
'내부수리 중' 만 흔들리고 있었네
며칠째 맹추위는 이어지고
매스컴은 아파트와 변두리 주택가에
수돗물이 얼어 터졌다는 속보를 전했네
나는 뉴스를 들으며 '지상의 낯선자' 보들레르를
내 옆 젊은 남자는 '공인중개사 시험대비 문제집' 을
보고 있었네
어느 날 예보 없이 칼국숫집 자리에 우쭐거리며
'소망공인중개사무소' 새 간판 하나 걸렸네
그날 이후
내 마음도 내부수리 중이네

위내시경

속을 비우고서야 본다
새벽잠 깨워놓던 속쓰림의 진원지를

오빠를 산에 두고 돌아서서 가을을 삼켰다
아버지를 놓치고 돌아앉아 얼음물을 마셨다
할아버지를 보내드렸더니 시름시름
복통처럼 봄이 찾아왔다
철 따라 장례식장에서 가족회의가 열리고
산소 아래 앉아 벌건 국밥을 먹었다

소화기내과 검사실 앞
시퍼런 가운을 입고 줄을 선다
미닫이문이 열렸다 닫히고
혈관에서 피가 뽑히고
마취제 뒤를 따라 긴 코뿔소 한 마리 나타나
목을 통과하고 식도를, 십이지장을
헤집고 다닌다

나는 도마 위 생선이 되어
침을 줄줄 흘리고
님, 숨 쉬세요, 숨만 쉬세요 숨!
간호사의 말 아득하게 들리고
코뿔소는 열심히 카메라 플래시를 번쩍이는데
정신줄 하나 텅 빈 위장에 남아
잘살겠다고 아우성이다

저녁 미사

미사에 참례하겠다고
학성동 어느 모퉁이 돌아서는데
낯익은 불빛이 발목을 잡는다
무심히 지나온 이 길
중고전자제품 할인매장 앞
버림받은 것과 구원받은 것들
이들만의 구역이 다채로운
그들 중 영업용으로 마감한 냉장고의
찌그러진 문틈으로
붉은 눈물이 흐르고
바로 옆에 뚜껑 열린 채
하늘 향해 입 벌린 몸
통돌이 세탁기 여럿 서 있다
저들은 저렇게
통째로 회개하고 있건만
나는 또 사거리를 지나
인파 속으로 끼어들고 있다

저녁 미사는 시작되고

제2부

사과 한 봉지

친구야, 나 대신 아내가 간다 가난한 내 아내의 눈동자에 내 모습도 함께 담아서 보낸다 하루 벌어야 하루를 사는 리어카 사과장수가 이 좋은 날 너와 함께할 수 없음을 용서해다오 사과를 팔지 않으면 아기가 오늘 밤 분유를 굶어야 한다 어제는 아침부터 밤 12시까지 사과를 팔았다 온종일 추위와 싸운 돈이 1만 3천 원이다 나는 눈물 글썽이며 이 글을 쓰고 있지만 마음만은 기쁘다 '개 밥그릇에 떠 있는 별이 돈보다 더 아름다운 거' 라고 울먹이던 네 얼굴이 가슴을 파고든다 아내 손에 사과 한 봉지 들려 보낸다 지난밤 노란 백열등 아래서 제일로 예쁜 놈들만 골랐으니 신혼여행 가서 먹어라 친구야!

단단한 침묵

충남 예산 신암면 용궁리
한적한 길 찾아 걷다가
한파 특보에도 맥을 놓고
침묵하는 나무 앞에 섰네
흰 바탕 회색 얼룩무늬 백송
인기척 끊긴 길 위에
세월의 깊이만큼 먼 침묵을 보네
추사 김정희 선생이 애지중지 가꾸었다는
꽃 피우지만 꽃가루 받아줄 나무가 없다는
신비의 백송
그의 견고한 침묵 앞에
지나가던 칼바람도 입을 다무네

역사의 한 페이지를 보여주는
나무 사이로
겨울 햇살이 걸어가고
새들도 말을 거는데

나 그 앞에 다가서지 못하네
무언으로 손 내미는
겨울 백송
그 우아한 침묵 때문에 내 길을 놓쳤네

선택받은 1퍼센트와 1분의 운명

영하 20도의 설원을 달리는
선택받은 1퍼센트, 씨수말
홍삼식사에 이천 평 놀이터
그는 황제다
짝짓기만 하는 수말
놀고먹다 암말 사랑해주는 게 유일한 노동
좋은 혈통 타고나 네 살부터 평생 교배용으로 살아가는
씨수말
홍삼 마늘 비타민 오메가쓰리
정력제와 영양제로 세 끼 배를 채우는
질 좋은 경주마의 교배용 씨받이
열 평의 원목 마방에 이천 평의 초지를 누비는 귀하신 몸
짝짓기 씨즌인 이월 말이면
수십 마리 암말들이 그의 간택을 기다린다
황제 씨수말의 하루는

기상 및 조식,
이천 평 전용 초지에서 운동,
초지에서 중식,
마방 복귀 및 휴식,
석식,
간식,
이후 아무 때나 취침,

그 시간
구제역풍 찾아온 누렁이네
큰소는 2분
암소는 1분 간격으로
송아지마저
숨을 거두고 있었다,

국형사의 아침

국형사가 아침 안개에 잠겨 있다
치악산 천연송림에 낮게 깔린 음영 속
흐트러진 마음 내려놓는데
희희공주병 고쳐준 백발노인이
전설을 뚫고 나타나 눈을 맞는다
눈이 세상을 지우고
사물들을 지운다
치악산 자락이
국형사 계곡이
제각기 색을 발하는 산사의 아침
간간이 들리는 독경소리에 노송도 낮게 엎드리는
새해 첫 아침이 꿈틀거린다
겨울 속에 갇혀 버린 시간,
내안에 침잠해 있던 것들 몽땅 꺼내
이곳에 받치고 싶다
안개가 걷히고 희미하게 나타나는 약수터
희희공주병 해독했다는 약수

전설을 남기고도 쉼 없이 흐르는 수액
사람들이 생수통을 들고 하나 둘 모이고
생수통이 줄을 선다
물은 쉼 없이 흘러 물통을 가득 채우고
생수를 마시던 사람들은
풍경소리에 귀를 잃은 채
각자의 욕심만한 생수통을 들고
돌아서고 있다

성게의 진실

강릉 돌고래횟집 앞
칠팔월 성게가
입소문대로 제철을 맞았네
검고 긴 가시의 몸, 험상궂은 성게
그 안에 맛있는 속내가 있다네
고무장갑 낀 쥔장이 성게 가시를
칼등으로 무력화시키고 배를 가르자
노란 알 가득, 웅크리고 있네
이 앙칼진 외모에 가려진 속

성게의 노란 속을
벌건 국물에 풍덩풍덩
요것이 물회라네
속사정 모르는 숟가락은
희번득거리며 성게의
노란 진실을 파먹네
파먹고 있다네

낯설고도 기이한

독일 출신 사진작가 유르겐 텔러는
화려함보다 낯설고 기이한 이미지로
충격을 주는 작가로 유명하다고 들었다
그 중, 축구스타 베컴의 부인이
쇼핑백 속에 두 다리를 벌린 채 들어가 있는 사진과
패션모델 케이트 모스가 낡은 손수레에
버려진 듯 누워있는 사진이 내 관심사다
노출을 잘못 맞춰 뿌옇게 나온 듯한 사진들

사람들은 그의 예술성이 아름다움의 경계를 넘어
초현실적 매혹적 표현이라고 했는데
작가는 그랬다 모든 것이 철저히 계산된 것이라고

시청 앞 꽃 터널을 지나며
저 영산홍 헤픈 웃음도
봉화산 입구에 널브러진 배꽃도 가짜가 아닐까
만사가 덤덤해지는 오후

다큐― 같은

배가 정착한 곳은 라오스 어느 섬
배경이 너무 멀었다
사방 돌아봐도 사람구경 못할 곳
잠깐 다녀올 작정으로
작고 허름한 배 한 척에
몸만 겨우 실렸다
내리라고 다그치는 사공에게
육지로 나갈 배 시간을 묻는데
지갑도 휴대폰도 없다
사방을 돌아봐도 사람구경 못할 노릇
이 황량한 겨울판화 속에 대책 없이
정착했다니!
거기 사람 없나, 빈방 없나요?
소리치는 중
'혼자 두면 안 되겠어' 라며
옆에서 흔들어 깨웠다
내 꿈이

흔들리고 머뭇거리는 동안
오월은 지나갔고
숲은 푸르고 깊었다

추석 무렵

어머니 불지피신다
아궁이 가득 이글이글
삶을 태우신다
무쇠솥 바닥에 엉킨 당신의 흔적
흔적들 몽땅 불태우려 하신다
열나흗날 저녁
뒤란 감나무 아래 정화수 떠놓고
허리 통증 잊은 채 달 보고 절하더니만
그 흔한 관광 한번 못가는 어머니
일흔 해 동안 이어온 끈
이제 그만 놓았으면,
어머니 시집살이 할 때 온종일 베틀에 앉아
탁 탁 탁 노랗고 빳빳한 안동포를 짰던 것인데
한 필 두 필 안동포가 감길 때마다 어머니의
시간도 함께 감겼던 것이다
아궁이에 지폈던 불이 사그라지고 있다
달은 알겠지 이글거렸던 어머니의 시간을

그가 목석처럼 서 있다
달도 어머니도 뜬눈이던
추석 전날 밤

블랙홀

우산동 철교 밑을 달리다 갑자기
휑한 공터를 만나
좌측 깜빡이 켜고 주춤거린다
저곳, 고속터미널 있던 자리
약속 없이 기웃거리던
블랙홀
첫눈 오던 날 불쑥
지갑도 없이 대합실에 찾아가
부산행 직통 버스 있나 없나
물어만 보고 돌아섰던
텅 빈 저 터
누군가 생각나는 지점
'지금은 접근금지구역'
부릅뜬 팻말 앞에서 눈이 머문다
포크레인 이빨에 조각난 만남, 이별들
편하게 닦인 자리에
찢어지고 깨진 혼들만 누워

깜빡

깜빡거린다

사랑니

아 하세요
아
더 크게 아—아
힘겹게 늘어나는 근육
후두둑
잇몸을 밀어내고 앓던 이가 뽑힌다
그 밤 욱신거리며 온몸 흔들어 놓고
저 혼자 쏙 뽑혀나간다
어쩌다 찾아와 뿌리내린 사랑니
그가 남긴 상처 두고두고 아프다
대책 없이 와 안기던 그를
사랑으로 받아 준 잘못된 만남
독한 사랑
설익은 사랑 하나
가슴에 박혀 있던 뿌리
오늘에서야 송두리째 뽑아 버린다
움푹 패인 자리에

피가 솟는다
검은 피가 입안 가득 고인다

브레이크를 밟다

검은 그림자 서로 엉켜
도시를 숨긴 시간
습관처럼 익숙해진 생의 한 모서리에
멈춰 서 있다
더러는 마음보다 몸이 먼저
오버액션 당하는 밤에
출처 없이 떠돌던 마음 꺼내 검색 중이다
이중창 아래 가출생들 몇 모여
PC방으로 갈까 모아장으로 갈까 모의 중인데, 밤은
그들마저 삼키려고 검은 입을 벌리고 있다
가로등 옆 지키던 등나무도 잠든 시간
마감뉴스 앵커의 얼굴이 사라지고
문득 일어나는 기억 한 조각
노시인의 타계 소식,
단계택지 어느 골목 모퉁이를 돌아서던 중
FM 전파음을 타고 담담하게 들리던
시인의 죽음

아무도 모르게 급브레이크를 밟았다
원주토지문화관에 초빙되어 90분 강의
꼿꼿하게 하던 시인
그를 별이라 했던가, 순간 나를
멈추게 했던 건 뭐지!
브레이크 걸린 이 마음
암중모색 중이다

황사

3월의 황사는 잔인합니다
봄바람의 광기가 황사를 몰고 다닙니다
외투 깃 세운 청년들이 황사 속으로 들어갑니다
사나흘 잠잠하다 다시 곳대 세우는 바람기에
현기증이 납니다
한 차례 지나간 회오리에 청년들이 쓰러집니다
황사로 충혈된 유리창에
낯선 얼굴 하나 그려봅니다
명문대 졸업 후 뒷방에서 숨진 그,
그가 황사바람에 쓸려나갑니다
어렵게 얻은 자격증 몇 개와 헌신짝 된 졸업장
청년은 지난겨울로 돌아가고 싶다 했습니다

늦은 저녁 텔레비전 좌담프로에는
'그게 어디 하루 이틀 일이냐' 고
떠넘기기식 발언만 되풀이합니다
나는 미모의 기상캐스터를 넋 놓고 쳐다보다가

만성소화불량에 시달려야 했습니다
내일은 지독한 황사비가 내린다는데

탈레반 여인

여고시절 친구 금이가
탈레반 여인이 되어 셀카에 담겨 왔네
장기보험같이 든든하던 그녀
그와 함께 삭이던 시간이 밀려오네
천정이 유난히 낮아 어두웠던 서담골 자취방
웃고 울다 서로를 보듬는 척
헤어지는 게 당연한 듯
하루하루 이기적인 여자가 되어갔던 그곳
그 많은 이야기들 시들어 가는 오늘
흰 붕대에 감겨 나타난 얼굴, 금이는
"아직 우리 만날 날 많다 아이가, 사는 게 다 그렇다 아이가" 라며
아는 척 하던 부산 아지매 그녀가
나를 보고 히죽히죽 웃네
그녀의 몸에 종양이 자라고 있었다는
병명을 듣는데
내 입에서는 변명만 나오네

"누워서 보는 세상도 괜찮다 아이가
동안 못 본 거 다 보인다, 내 이래 누웠으니
감사할 꺼 천지다, 건강해라"

"가시나야! 보고 싶데이"
하늘 보며 찍어 보낸 문자를 읽으니
얇은 입술로 헤실거리던
삼십 년 전 그녀 얼굴이 떠오르네
붕대에 감긴 낯선 여인이
액정화면에서 걸어 나오네

분실

앞 동 14층에 불이 꺼진다
내 앉은 자리만 환한 밤
스팸메일 지우려다
29년 만에 찾은 친구 소식을 지웠다
뭘 찾아?
남자가 어깨를 툭 친다
순간
잃어버린 것
삭제된 것들이 줄을 선다
자동차에 집이 매달린 열쇠꾸러미
교통범칙금통지서
마감일 임박한 관리비 용지,
어느 날 이들에게 내가 삭제될 지도 몰라
나 이대로 숨어도 될까

내가 없는 내일이
문득

궁금해지는 밤

중앙시장 뒷골목에 가면

중앙시장 뒷골목에 가면
올챙이가 한 그릇에 이천 원
나무의자에 엉덩이만 붙인 아줌마 아저씨
후르륵 소리 즐겁다
십 년 무사고 올챙이묵장수 할머니
주름진 손놀림이 분주한데
가게와 가게 사이에는 싸구려들끼리
점거 농성을 벌이고 있다
'양말 세 켤레 천 원
천 원짜리 런닝 팬티, 왕창! 싸'
단속반 아저씨 눈 피해 싸구려를 외치고 있다
그들 옆구리에는
'마른 멸치 한 됫박에 삼천 냥
노가리 열 마리에 오천 냥'
사람들은 머리 잘린 노가리를 들고
살까 말까 흥정 중인데
자유시장 시계탑 시계는 삐꺼덕삐꺼덕

그들의 표정을 토해내고 있다
그 시간, 호루라기소리에 놀란 싸구려들
골목 끝으로 달아나다 쓰러지고 밟히고
나는 멍하니 그 풍경 바라보는데, 등 뒤에서
"새댁 멸치 좀 들여 가유, 마수 좀 해 주구랴"
됫박 옆으로 흘러내리는 멸치를 끌어 올리며
통사정인 멸치장수 할머니
그의 손등 위에 내려앉은 초여름 햇살도
덩달아 바쁜데
"할머니, 멸치 한 됫박 주세요"
내 말 나오는 순간, 비스듬히 누워 있던 멸치들
줄을 선다

전원이 꺼지다

밤새 충전해둔 휴대폰 전원이 자꾸만 꺼진다
이것저것 누르던 중
뾰로롱!
종결음이 경쾌하다
일순간 몸을 숨기고 입 꽉 다문 채
한나절 기절한 휴대폰
그를 모시고 A/S센터를 찾았다
주소 이름 증상 검색, 20여 분 후
작업복 차림의 남자 품에서 나오는 휴대폰
남자는 2만 3천 원짜리 영수증을 내밀며
'메모리칩이 손상 되었습니다. 이곳에 기억되어 있던 정보는 다시 보실 수 없습니다'
기사의 등이 보이고
내 얼굴과 휴대폰 전원이 만나
낯선 기계음을 울린다
타협 안 되는 어떤 만남
그 음향이 섬뜩하다

제3부

연두에 찔리다

연두에 찔리고
분홍에 쏘여
시리고
따가워도
부어오르거나 상처 같은 거 없을
이 젊은 봄볕

파리똥

옥상 깊은 곳
뜰보리수 열매
이웃집 담장을 넘으려다 인기척에 놀라 대롱거립니다
듬성듬성한 빈자리며 때깔이 예전과 다르지만요
과피를 덮은 흰 점들이 옛 모습 그대로네요
어린 시절 요것들을 파리똥이라 불렀지요

새큼한 듯 달콤 씁쓸한 맛
입안 가득 오래도록 텁텁합니다

담장 넘어온 이웃집 파리똥
뽀얀 손으로 한가득 따 입안에 구겨 넣고
여기까지 달려 왔네요
내 주름만큼 건너온 시간의 열매
이제는
그냥
두고 보는 게

훨씬 달콤합니다

포구의 저녁

배가 닿을 때마다 왁자해지는 포구
갓 잡혀 올라온 날것들 서로 엉키고
만선의 어부들 신명이 물에 닿으면
사람들의 환영이 파도소리보다 높아지는 포구
흥도 함께 포획되는 곳
배 언저리에 앉아 그저 이방인이려니 하다가
이곳 흥에 덩달아 기웃거린다
방금 건져 올린 흥이 가슴에서 뛰고
사람들 얼굴에는 홍조가 뜬다
저녁 어스름
포구에 고요가 찾아오고 있었다
석양은 이내 바닷속을 붉게 물들이고
홍조로 가득했던 사람들의 얼굴도 식어간다
오래된 가슴 뛰게 했던 그곳
뱃길만이 아닌 길
내안에 있던 길 하나 만들어 함께 걷던
소래포구

물먹은 하루

단풍 보러 갔지요
용문산으로요
천백 살 먹은 단풍나무 보셨나요
이정표에 용문면 나오길래
무작정 갔지요
암만 가도 용문산 가는 길 안 보여
목욕 바구니든 아줌마한테 물었지요
'쭈―욱 가서 좌회전이요 거기서 우회전이요'
용문산은 보이는데
이번엔 입구를 못 찾다니요
이래저래 한 시간 공치고
상봉장에서 만난 설익은 단풍들은
울그락불그락 짜증이고요
사람들은 죄 없는 동동주만 축내다
사진 속 은행나무에
눈 맞추고 투덜투덜 돌아섰지요

실란에게 마음을

이유 없이
베란다 구석으로 몰아내
헝클어진 잎 송두리째 잘라
죽거나 말거나
마음에서 멀리했던 실란
불쑥 꽃 한 송이 터트려놓곤
빨래 널던 바짓가랑이 잡고 놓지 않는다

무성한 잎 속에 빳빳이 고개 든 정물
그 앞에 마음 걸려
혹시 바람 잡은 일 혹은 바람 난 일 없나
자분자분 짚어보는데
지난가을 행구동 꽃바람에 실려
남의 남자 도마 위에 올려놓고
찧고 까불다 돌아오는 길에
제한속도 80킬로를 100으로 달리다가
용케도 살았다 싶어 신호등 붙잡고

최대한 공손하게 욕만 했던 것인데

오늘 난 어쩌란 말인가!

말에 붙들려

산다는 건 고만고만한 바윗돌 하나
밀어 올리는 일이라는
누군가 씹다 놓은 말을 잡고
봉화산 거북바위에 닿아
거북이 형상인 바위에게
혹시 내가 밀어올린 바위 못 봤느냐, 너스레를 떨며
바위 등을 빌려 앉는데 엉덩이가 따끈하다
그가 나를 데우는지
내가 그를 데워주는지
닿는 순간 따스함일 때
몽땅 다 내주고 싶은 것이다
가끔은 남이 흘린 말에 코가 걸려
이렇게 마음 빼앗길 때가 있다
말을 곱씹으며
바위 등을 애무하며 홍업면 사제리 숯 공장
아직 거기 있나 없나 살피다가
불현듯 내일 준비할 점심 메뉴 몇 가지 떠오르는 날

나이 오십

사방에 눈 내렸어요
봐주는 이 뜯어 가는 이 없는 들판에
지나쳐도 할 말 못하는 그냥 들꽃이지요
가까이 가 보았어요
제법 모양새를 갖추고 표정지어 보이네요
코스모스, 해바라기도 아닌 것이
꿀벌과 오래도록 키스를 즐기네요
서서 볼 수 없어 무릎을 꿇었네요
겉모습 보고 나비인지 꽃인지 알 수 없어
그만 꽃 무더기 하나 뚝 건드렸네요
화들짝 놀라 산 아래 무리지어 핀 들꽃
이들이 품은 요망한 속살이
더 볼만하다는 걸 이제 알았네요
묘한 표정들 지천이네요
발로 툭 차버릴 잡초도
눈높이에서 보니 난 같고요

쎌렘

모월 모일, 손 없는 날로 택일하여 이사 와
새 집 현관 문턱에서 쫓겨난 쎌렘
덩달아 집나온 로즈마리 허브
'입주를 축하합니다'
리본 달고 가슴에 안겨온 열대화분에 밀려
하늘 뜨거운 맛도 보고 장대비 맞으며
일주일째 노숙 중인 생

쎌렘의 족보에는
강한 햇볕 싫어하므로 공기정화식물로서
실내에서만 자라는 고급식물로 적혀 있고
꽃말은 '나를 사랑해주세요'

발길 드문드문한 아파트 화단에
콘크리트벽 베개 삼아
서서 자는 정물

앞가슴 열어 놓고 다리 벌린 채
놀이터 아이들과 어울려
맥 놓고 까르르까르르
비로소 얻어낸 자유로
하루 종일 환하다

무당벌레

헝클어진 햇살 사이를 비집고
난데없이 무당벌레 한 마리
안방 유리창에 푸드득! 착지했네
'어디로 들어왔니 어디서 살다왔니'
살포시 달력 위에 안착시키고 증명사진 몇 컷
'넌 지금 호수 위를 날고 있는 거야'
산을 배경으로 펼쳐진 호수가 있는 달력 위
하지만 이제 곧 넘어갈
어릴 적 봤던 점박이가 아니네
살짝 건드리는 순간, 푸드득
날개 화들짝 펴 온몸으로
할 말 보여주는 무당벌레
'이 방엔 너 먹을 만한 게 없어'
창문을 열고 후 날려 보냈네
무당벌레 머물렀던 자리에
가을 한 자락
앞서와 서 있네

내게 가을만 데려다 주고 떠난
무당벌레

산수유꽃

정보관 화단 비탈면에
막 터진 산수유꽃
가늘고 여린 가지 끝에 박힌
저 요염한 쌩얼

신축건물 조경공사에 덤으로 따라와
준공검사 끝나자 죽거나 말거나 던져진
나무 한 그루
주차장 옆 비탈면에 뿌리내려
겨울이 흘리는 햇살로 연명하며
숨어 자던 그 소생이
산수유나무였다니
오늘은
봄을 믿고
목놓아 하소연이다

바람에 햇살 살살 섞어

전신 마사지 중인
저 여유!
오늘에서야 안다
산수유
노오란 꽃의 속내를

어떤 실화

나이 일흔에
한글을 깨우친 할머니가 쓴
편지가 영상으로 떠오르는 밤

‘오늘은 시장에 갔다 내 새끼 봉급은 그대로인디
물건 값은 우라지게 비싸다 며칠 있으믄 추석인디
동상은 잘 있는가, 내가 동상헌티 편지를 쓰다니 꿈만 같구먼
엄마 없이 잘 커준 게 이 누이는 고맙기만 허다네
진즉에 젖 떨어진 동상이 내 젖을 만지고 자랐당게’

누이의 손 편지를
예순여섯 남동생이 읽다가
돋보기에 흥건하게 고이는 눈물 털어내는
어떤 실화

진도 없는 시를 붙잡고 쩔쩔매는 나도

일흔에 한글을 깨우친 할머니처럼
맘 놓고 시 한 편 쓰고 싶다
이 봄밤에

보배네 수선집으로 가는 길

옛 시청길 따라 보배네 수선집으로 가는 길
비탈진 길옆 만만한 고물상집 앞에
철 지난 난로, 보일러가 봄비를 맞고 서 있다
저 한 몸 던져 이글거렸던 시간을
시뻘건 녹물로 기억하는 난방기구들
그들 앞에 막 도착한 트럭이 부르릉거리고
고물상집 아저씨는 그들의 과거를
고철로 실려 보내고 있다
밧줄에 얽히고 걸려 단단히 묶이는 고철들
그들 사이에 돈 될만한 내 과거 하나
끼워 보낼까 찾는데
발이 먼저 실려 가고 있다
언덕과 언덕 사이에는 신상품들끼리
무한 변신이 펼쳐지고
연립주택 울타리를 뚫고 나온 개나리꽃 무덤이
갈 길을 막는다
이 길이 이렇게 길었다니

더디고 마디다
언덕 아래 보배네 수선집이 보인다
불 꺼진 유리문을 미는데 하얗게 메모지 한 장 붙어 있
다
'어머니가 위독한 관계로 무기한 휴업입니다.'
수선거리를 접어
수런거렸던 마음과 함께 서랍 깊숙이 넣는다
병색 짙은 수선집 어머니 얼굴이 밑그림으로
떠오르는 밤, 비는 계속 내리고

허브 향

지난가을 우연히 들어온 허브
미니화단에서 겨울 내 잠수 중이더니
잎부터 시름시름 말라가고 있다
"이거, 뇌에 좋은 거여,
이따금 손으로 살살 건드려줘 봐"
혼자된 화원집 여자 말에 속아
안방 문 앞에 재운 게 화근이었나
햇살 맛 제때 못 본 탓인가
죽어가는 허브를 분리수거장에 펴놓고
겉과 속을 따로따로 해부하는데
수습이 안 돼
수거함 앞에서 망설이다가
아파트 화단에 푹, 쏟았다
순간, 코끝으로 딸려오는
허브 향
심기만 흔들어놓고 털어냈던 것들
향기가 되어 코끝을 자극한다

이 알 수 없는 향기
뒷심 좋은 허브 향에
지끈거리는 머리를 묶고
쏟았던 흙을 다시 담는다

흘려버린 것들을 위하여

무서워서
부끄러워서
고개만 내민
소속이 묘연한 풀 한 포기
공기 좀 주세요
물 좀 주세요
아무래도 듣던 목소리
기억을 더듬거리다 앗, 지난가을에
무심코 흘린 옥수수 알갱이
그 목소리
베란다 하수구 뚫고 오늘 나왔네
옥수수 푸른 싹과의 첫 만남
그가 나를 노려보네
내가 버린 시간이 푸른 싹으로 돌아와
지금
내 앞에 불쑥 나타났네

제4부

불면증

밤은
왜
봉화산도 재우고 텔레비전도 재워놓고
나만 깨웠을까
마감뉴스를 보다가 잠든 남자 곁에
묵은 신문지가 흩어져 있다
남자의 꿈은
더 멀리 날아가는 것
그가 꿈으로 꿈속으로 가는 동안
나는
알콜 농도 40퍼센트 윈저쎄븐틴을
야금야금 마시고 있다
위스키가 목젖을 자극할 때마다
10퍼센트씩 가벼워지는 마음

창 밖은 여전히 무겁다

가뭄대책위

기상이변이었다
양수기
기우제
타들어 가는 옥수수밭
대책 없는 단어들이 응급상황을 알리고
내 어머니 밭에도 물이 마르고 있었다
사철 푸르른 샘터에 앉아
맑은 물 퍼 올려주시던 어머니
환자복에 배어나오는 호흡이 낯설어
손 만져보고 귀 대어보았다
지금 꿈길 걷는 중이겠지
어머니 숨소리 거칠어질 때마다
나는 죄인이 되었다

막혀버린 뇌혈관
기억의 샘터
어머니는 그곳을 넘나들 때마다

자꾸만 목이 마르다 하신다
한 차례 소나기라도 퍼부었으면
어머니 나라
어머니 밭에는
늘
푸르름이 넘칠 줄 믿었는데

안개구간

드장 일을 발인 일로 오인한
문상객이 강릉 동인병원 영안실로 향하던 날
둔내터널을 통과하는 순간
안개가 세상을 덮쳤다
허공에 뜬 문상객들
어디로 가야할지 기 막혀
각자의 포즈로 몸을 가누었다
살면서 이런 일 얼마나 될까
다시 막막해지는 지점
눈 코 귀 멍멍한 채 운무 속을 헤매는 동안
차는 과속으로 그곳을 통과하고 있었다
스르륵 휙!
삶이 이렇게 단순했던가
강릉 시내가 보이고
동인병원 영안실 입구
부동자세로 서 있던 화환이
상주 대신 거수경례를 한다

주변을 서성거리는 상주들 얼굴에는
가신 이의 오랜 병상이 지루하게 묻어 있었다
죽은 자를 핑계로 관례처럼 술잔이 돌아가는 자리
허전함을 국밥으로 달랬을 뿐인데
그곳은 왜 그렇게
끈적하고 축축하던지!

초경

당황하는 나를
교실 뒷문으로 보내주시던 수학 선생님
선생님 웃음과 아이들의 눈총이 무섭던 날
텅 빈 자취방에 돌아와 밤새 아랫배를 움켜쥔 채
초경을 맞았다
학교 가기가 죽도록 싫었던 다음날
붉게 떠오르는 아침 해가 미웠다
얼굴이 백지장처럼 된 내게
초경임을 알려주던 수학 선생님
그의 어깨에는 하얀 비듬이
눈처럼 내려앉아 있었고
불쑥 나온 치아를 드러내놓고 웃어주셨는데
내 과거라는 영상에서 그날을 지우고 싶다

딸의 초경을 알기나 하는지
어머니는 들일 집안일에 얽매여 사셨다
생리통에 시달릴 때마다 그런 어머니를

여자의 몸을 원망했다
이제 그날을 던져버리고 싶다

내시경 카메라가 자궁 속을 살핀다
눈 내렸다 사라진 흔적처럼 흐릿하게 남아 있는 수학
시간

주문을 외우다

며칠 비 오락가락했다
몸속은 여전히 건조하다
산부인과에 가보라는 선배 말에 속아
차가운 진찰대 위에 누운 나뭇잎 한 조각
어두운 커튼 사이로 의사의 흰 손등이 보이고
그렇게 은밀하게 쉰 고개에 닿은 것인데

"생리는 언제 끝났나요?"
"얼굴이 화끈 몸이 오싹오싹하지 않나요?"
"으—음, 몸 상태가 이러니! 쯔 쯔, 골다공증도 올 수 있고요"
의사의 유도심문은 계속되고

병원 앞에서 처방전을 북북 찢어 휴지통에 구겨 넣었다
스벌! 스벌!
입속에서 이상한 주문이 맴돌고

발은 비오는 거리에 닿았다
편의점에서는 장마가 북상 중이라며
귀에 익은 팝송 한 곡 흐르는데
제목이 떠오르지 않아 그 자리에 선 채로
앞서 온 쉰에게 잡힌 날
유난히 목이 말랐다
나, 여기서 쉬어가면 안될까

배부른 죄

주일 미사 강론으로 강원도 탄광촌
어느 초등학교 운동회 뒤풀이가 등장했다
아들은 죽고 며느리는 집 나가고 홀로 손자를 키우는 할머니
운동회가 끝나자 손자를 데리고 중국집에 갔다는데
손자 좋아하는 자장면을 한 그릇을 청해
할머니는 아이가 먹기 편하게 자장면을 열심히 비벼
손자 앞에 밀어놓고 먹는 모습 본다
"할머니는 안 먹어?"
"할미는 배불러. 니나 어여 먹어"
"맛나지? 맛나냐?"
정신없이 자장면만 먹는 손자
턱 밑에 앉아 손자 입속으로 들어가는 자장면 가락 쳐다보는 할머니
쪼르륵 소리 나는 뱃속을 숨기느라 연신 침을 삼키는데
자장면 그릇은 어느새 허연 바닥만 드러냈던 것이다

그 할머니 배가 등가죽에 붙어 있더라 말하는 신부님
“우리 할머니도 저를 젖동냥으로 키우셨답니다
오늘은 제 이야기를 한 것 같습니다”
자꾸 말이 끊기는 신부님
배부른 신부님이 슬퍼 보이는 미사
배부른 죄가 이렇게 크다니요!

몽마르트르를 꿈꾸며

덕수궁 미술관에서 피카소와 모던아트 전시회가 열렸는데요 그중에 몽마르트르에 머물다간 화가들을 봤는데요 화가들의 꿈이 모이는 이곳은 화려한 꿈을 키우며 살기에 힘겨웠다는데요 돈을 벌지 못하는 화가들은 빵 한 조각 얻을 수 없었다는데요

지나가는 사람들이 화가들의 빵 값이 되어주었는데요 배고픔을 참으며 화가들이 그려준 그림이 마음에 안 들면 그냥 지나간다나요 참, 같잖은 풍경이지요 어떤 화가는 행인들이 있어 슬프지 않았다 하네요 몽마르트르의 밤은 외로운 예술가들의 천국이래요 그들 중 귀족 출신 툴루즈로트레크라는 화가는 상체만 큰 몸 때문에 늘 홀로 그림을 그렸다는데요 어느 날 그의 꿈은 몽마르트르로 향했고 더 이상 혼자가 아니었다네요

유명 화가들의 이야기를 보며
내 꿈같은 건 없다는 걸 알았네요
다만, 그림 속 행인이 되어주는

헛꿈이 유효한 밤입니다

태화산 풍경소리

태화산 자락 숲길을 오르다 마곡사에 이르러
천년고찰과 마주한다
처음과 끝을 가늠할 수 없는 천 년의 고찰
그 자리 묵묵히 지키고 있는 고찰 앞에 서니
불쑥 겸손이 발등에 내려와 앉는다
소망 한 가지씩 가슴에 품고 올라오던 사람들
길을 내달려 이곳에 납작 엎드린다
저들도 나처럼 대웅전 돌담에
마음 끼워 놓았을까
역사를 거스르고 생각이 엉키는 동안
소망 하나 데굴데굴 영상으로 스치는
방금 놓친 게 뭘까
굴러가던 돌도 자비롭게 보이네
이렇게 놓치고서야 비우는 법을 본다
품 넉넉한 대웅전 앞 사찰 한 귀퉁이
나무 한 그루와 돌 조각상 앞에서
사람들마다 소망 하나씩 내려놓고

몸 낮추는 순간,
한없이 순해지는 마음
산사에 풍경소리 가득하다

제초하는 날

사람들이 비워둔
아파트 화단에 선혈이 낭자하다
전기칼날에 쓰러지는 잡풀들
검붉은 근육질의 어깨가 편안한 예초기
이들의 결합이
묘하게 합성되는 한낮
자르고 잘리는 순간의 뜨거움이
유월의 햇살보다 치열하다
예초기가 요란한 기계음을 낼 때마다
소리만큼 세차게 잘려나가는 풀
그들에겐 경쾌함도
아픔도 아니다, 그저
그들을 지켜보는 내가 싱거울 뿐
아저씨들은 잠시 멈추고 막걸리 한 잔씩 들이키곤
다시 칼날을 세워 잡초들을 자르고
잘린 풀을 한 아름씩 안아낸다

아저씨들은 연장을 챙겨들고
기계소리 멈춘 화단에는 풀냄새만 자욱하다
정수리 훤하게 드러나는 화단에는
널린 잡풀들끼리 바람을 타며 논다

뉴스와 함께 사라진 남자

김 아무개, 남자는 손이 닿자 바스러졌다 펄펄 끓던 쇳물 식은 자리에 다리뼈 하나 두개골 뼈 하나 섭씨 천육백도의 쇳물 안에서 형체를 유지하고 있었던 남자의 유골, 산화된 유골이 자루에 담겼다 뼛조각을 보고 유족들이 오열했다 주검조차 볼 수 없었던 나흘, 그 시간 동안 외롭게 비어 있던 남자의 나무관이 펼쳐졌다 관에 하얀 창호지가 깔리고 바스러져 가는 뼛조각을 넣는다 철강공장에서 일하다 쇳물에 떨어져 죽은 남자, 그의 입관식이 있던 날 세찬 비가 전국적으로 내렸다 이제야 누울 곳을 얻은 스물아홉 청년, 그를 집어 삼킨 시뻘건 쇳물은 나흘 내내 식다가 철가루만 남겼다 그날 새벽 김 씨는 작업복 차림으로 일을 했다 고철을 녹여 다음 공정으로 보내는 작업을 하던 김 씨, 전기로 입구에서 철근 조각을 치우려고 애를 쓰다가 쇳물 속으로 떨어지고 말았다 그의 마지막 움직임을 보았다는 동료의 증언, 청춘이 바스러진 현장에는 하루 종일 비가 내렸다는 뉴스

오빠는 뉴스도 비도 없이 떠났다
고향 흙 덮고 푹푹 잠만 자는 핏줄 하나
어둠을 타고 스멀스멀 떠오르는 밤이다

이별식

안동군 와룡면 지내리
느티나무 아래 운구차가 멈췄다
병상에서 지내리 614번지를 반복해 읽어내던 곳
할아버지는 이곳 정자에 앉아
느티나무 친구에게
아들 셋에 손주까지 앞세운 당신의 가슴을 열어 보이며
깡소주로 시장기를 달랬다
수백 년 된 느티나무 세 그루
엷은 바람을 일으키고
아흔다섯 해 닳은 흙길이
할아버지를 모시고 꺼이꺼이 걸어가고 있다
상주들이 집 마당에 들어서자
기다리던 할아버지 온기가 뜨겁게 안긴다
툇마루 아래 조촐하게 차려진 술상
'내 한 잔 먹고 갈란다'
평생 반주로 사셨던 할아버지

자손들은 술을 권하고
낡은 대문에 기댄 채 녹슨
괭이, 호미, 삽자루들은 그의 손을
기억해내느라 바쁘다
처마기둥에 멈춰 있던 벽시계도 이별을 읽느라 힘겨운데
이별주 한 잔 거나하게 드신 할아버지
614번지를 한 바퀴 빙 돌고 계신다

아마추어 시인이 보낸 메일

오늘은 봄볕을 받으며 베란다에서 장을 담그고 있다 이적지 장 사 먹지 않고 이래 내가 담근다 편할라고 안 할까 하다가 한번 힘들면 이삼 년 맛난 장 먹을 수 있다는 생각으로 일 저질렀다 오늘, 넌 김치를 담글 테고 나는 장을 담그고 있다

장 담그다 보낸 시인의 메일을 닫고
절여진 배추를 수돗물에 헹군다
씻어놓은 배추가 봄볕에 말갛다
태양초 고춧가루, 육쪽마늘, 까나리액젓
너희들의 만남은 언제나 뜨겁구나!
죽은 배추를 펴놓고 속을 넣는다
항아리 가득 김치를 채우고
익기를 기다린다
알맞게 숙성된 그를 기다린다

오늘은 살림하는 날

발은 속일 수 없다

운동장에 내던져진 양심을 본다
발을 써야한다는 규정 앞에 언제나 담담한 발
쉽게 속일 수 있어 편리한 손
부도덕함이 금세 드러나는 발은
관중들 눈에 포위되어 있다
중요한 시기에 빼앗기면 서툴러지는
부당해도 참아내야 하는
얻어내야 할 가치를 위해 그는 달려야 한다
사냥감을 향해
한 발자국 한 발짝 다가서는 발
그는 정당한 공격수
사냥꾼의 비애를 닮았다
승리에 대한 열망과 골에 대한 집착으로
언제나 배고픈 발
바라보는 마음도 그와 함께
허기에 지친다

기다림

베란다 이중창 사이에서 낀
박재된 여치 한 마리
무심코 다가온 진공청소기에
꼼짝없이 걸려 있구나
마른 진공터널 입구에서 계절을 잊고
시간을 놓치고
파랗게 질린 채 멈춰버린 너
너를 보고
오늘이 백로라는 걸 안다
실핏줄 선명하게 말라 팽팽해진 몸
15층 창틀에 착지한 너의 실수를 아니!
속을 비워 납작해진 허리
다소곳이 입 다물고 눈 뜬 몸
안은 채로 수절한 너
기다림이
지루했구나
누군가 돌아와 끌어안으면

와삭!

온몸으로 대답했을

너

외로움이라니

밤무대 오부리 가수 유복성
그가 텔레비전에 나와 남긴 첫 마디는
외롭다, 외롭다는 비명이었다
연주생활 45년 된 가수가
자신의 전공인 드럼과 콩가를 걸쭉하게 소개하는데
자신이 내는 소리는 음을 내기 위한 박자일 뿐이란다
화려한 무대 구석자리에 아무런 치장도 없이 앉아
후배 가수들을 위해 묵묵히 연주하며
그는 늘 미쳐 있었다고 한다
재즈에 취해 살았던 45년 압축파일이
외로움이라니,
잠 못 드는 밤
화면에 일그러진 그의 얼굴이 자꾸만 밟힌다
재즈음 배경 속으로 달빛이 흐리게 사라지고 있다

해설

트라우마와 결핍을 넘어
—홍현숙의 시세계

이홍섭(시인)

1.

시의 뿌리를 캐 들어가면 시인이 싸우는 '트라우마'와, 시인이 채우려는 '결핍'의 항아리를 만나게 된다. 트라우마와 결핍은 때로는 유전정보가 같은 일란성 쌍둥이, 때로는 유전정보가 다른 이란성 쌍둥이 같기도 하다.

요즘 '상처' 혹은 '정신적 외상'으로 폭넓게 사용되는 트라우마(trauma)는 분명한 '외상'을 전제로 한다는 점에서 구체적이다. 1980년대 이후 트라우마가 주목받게 된 것은 역사적 사건들이 개인의 삶에 미치는 영향이 크다는 점을 인식한 결과이다. 하지만 트라우마가 꼭 역사적 사건들에 의해 생겨나는 것만은 아니다. 개인의 삶 속에서도 논리적 사고와 일반적인 인과 관계를 뛰어넘는 트라우마가 존재한다. 언어로 자신의 감정과 세계관을 표출해야하는 시인은 그 누구보다도 이러한 트라우마와 격렬하게 맞설 수밖에 없는 존재이다.

이에 반해 결핍은, 사전적으로 "있어야 할 것이 없어지거나 모자람"을 뜻하는 용어로 트라우마에 비해서는 보다 추상적이다. 시인은 본능적으로, 혹은 체질적으로 삶의 결핍을 예민하게 받아들이는 자이다. 일상에서는 좀체 드러나지 않는 생의 근원적 결핍을 드러냄으로써, 삶이 얼마나 불완전하며 채워지지 않는 결핍 속에서 구름처럼 흘러가는 것인가를 인식하게 만든다. 따라서 이 결핍은 보다 근원적이고, 본질적이라는 점에서 종교적 성찰과 닿아있다.

홍현숙 시인의 첫 시집 『동그라미의 만족』을 읽으며 줄곧 덧나는 질문은 이 트라우마와 결핍의 자리가 어디일까 하는 것이다. 시인이 아래 작품에서처럼 '낯설고도 기이한 이미지' 앞에서 이 세계가 '가짜'가 아닐까라고 의심할 때, 그리고 뒤이어 만사를 덤덤해 할 때 이러한 질문은 덧날 수밖에 없다.

독일 출신 사진작가 유르겐 텔러는
화려함보다 낯설고 기이한 이미지로

충격을 주는 작가로 유명하다고 들었다
그 중, 축구스타 베컴의 부인이
쇼핑백 속에 두 다리를 벌린 채 들어가 있는 사진과
패션모델 케이트 모스가 낡은 손수레에
버려진 듯 누워있는 사진이 내 관심사다
노출을 잘못 맞춰 뿌옇게 나온 듯한 사진들

사람들은 그의 예술성이 아름다움의 경계를 넘어
초현실적 매혹적 표현이라고 했는데
작가는 그랬다 모든 것이 철저히 계산된 것이라고

시청 앞 꽃 터널을 지나며
저 영산홍 헤픈 웃음도
봉화산 입구에 널브러진 배꽃도 가짜가 아닐까
만사가 덤덤해지는 오후

—「낯설고도 기이한」 전문

이 작품 속에 등장하는 사진작가 유르겐 텔러(Juergen Teller)는 독일 태생의 유명한 패션사진작가로, 광고와 예술, 상업사진과 작품사진의 경계를 허무는 작업으로 널리 알려져 있다. 텔러는 기존의 광고사진이 지니고 있는 '전형적인 아름다움' 을 추구하는 대신, 시에 소개되고 있는 작품들처럼 기존의 이미지들을 깨는 파격을 통해 '전복적인 아름다움' 을 선보여 왔다.

중요한 것은, 화자가 "모든 것이 철저히 계산된 것" 이라는 작가의 말을 앞서 기술한 다음, 이 세계가 가짜가 아닐까 의심하고 있다는 점이다. 시인은 현실을 전복해 보여주는 초현실적인 표현도 철저히 계산된 것이라면, 이 세계 어디에 진실이 존재할까라고 묻는다. 진실이 존재하지 않는 세계가 불러오는 것은, '만사', 즉 현실에서 일어나는 모든 일에 자극받거나 충동받지 않고 그냥 덤덤해지는 것이다.

이 작품에서 사진작품과 사진가의 말을 빌려 말하고자 하는 시인의 세계인식은, 이 세상에 진정 낯설고도 기이한 것은 없다, 새로운 것은 없다, 별도의 진실이 존재하지 않는다 등으로 요약해 볼 수 있다.

시인에게 있어 정작 '다큐' 는 현실 속에 있는 것이 아니라 꿈속에 있다.

배가 정착한 곳은 라오스 어느 섬
배경이 너무 멀었다
사방 돌아봐도 사람구경 못할 곳
잠깐 다녀올 작정으로

작고 허름한 배 한 척에
몸만 겨우 실렸다
내리라고 다그치는 사공에게
육지로 나갈 배 시간을 묻는데
지갑도 휴대폰도 없다
사방을 돌아봐도 사람구경 못할 노릇
이 황량한 겨울판화 속에 대책 없이
정착했다니!
거기 사람 없나, 빈방 없나요?
소리치는 중
'혼자 두면 안 되겠어' 라며
옆에서 흔들어 깨웠다
내 꿈이
흔들리고 머뭇거리는 동안
오월은 지나갔고
숲은 푸르고 깊었다

—「다큐— 같은」 전문

이 작품에서 화자는 꿈속에서 라오스의 어느 섬에 도착했다. "대책 없이 정착" 한 화자의 꿈속에 등장하는 중요한 상징은, 화자가 정착한 곳이 "배경" 이 너무 먼 곳이라는 점,

화자가 "작고 허름한 배 한 척에 겨우 몸만 실렸다"는 점, 마지막에 "사람"과 "빈방"을 찾아 소리쳤다는 점 등이다.

배경이 멀었다는 것은, 나와 세계, 혹은 현실 사이의 간격이 멀다는 것을 의미한다. 작고 허름한 배 한 척에 겨우 몸만 실렸다는 것은 그동안의 삶이 신산하고 고단했음을 보여준다. 화자는 '몸을 실었다'는 능동형을 쓰지 않고, '몸만 실렸다'는 피동형을 씀으로써 삶의 행로가 나의 주체적 의지보다는 타의에 의해 흘러왔음을 무의식적으로 드러낸다. 사람을 찾아 소리치는 것은 '관계'에 대한 회의, 혹은 열망을, 빈방을 찾는 것은 내가 안식할 수 있는 공간에 대한 갈망을 뜻한다.

'가짜'인 이 세계 속에서 '덤덤함'만을 얻었던 시인이 정작 얻은 '다큐'는 꿈속에 있었지만, 앞의 상징들에서 보았듯이 그 다큐는 이 '가짜' 세계 속에서 살아온 자신의 행로에 대한 확인일 뿐이다. "잠깐 다녀올 작정"이라는 능동형 표현과 "몸만 겨우 실렸다"라는 피동형 표현의 부조화는 이러한 어긋남을 잘 보여준다.

시인이 시 제목을 '다큐'라고 하지 않고 '다큐— 같은'이라고 한 것은, 자신의 꿈을 계속 유보시키고자 하는 열망을 담고 있다. 비록 이번 꿈에서 실현되지는 않았지만, 언젠가는 꿈과 다큐가 하나가 되는 '진짜'를 확인해보고 싶은 갈

망이 이 제목 속에 숨어 있다고 할 수 있다.

2.

트라우마는 보통 통상적인 역사적 경험이나 기억의 영역을 벗어나 있다. 다시 말하면, 역사적 객관성이 들어설 여지가 매우 좁아서 어떠한 진위의 판별이나 인과적 설명을 하기가 어렵다. 따라서 트라우마가 보장하는 진실이란 오직 실존적 고통의 현존이며, 그 외의 것은 모두 허상에 지나지 않는다. 홍현숙 시인에게서 그것은 새벽잠을 깨워놓은 "속쓰림의 진원지"와 같은 것이다.

> 속을 비우고서야 본다
> 새벽잠 깨워놓던 속쓰림의 진원지를
>
> 오빠를 산에 두고 돌아서서 가슴을 삼켰다
> 아버지를 놓치고 돌아앉아 얼음물을 마셨다
> 할아버지를 보내드렸더니 시름시름
> 복통처럼 봄이 찾아왔다
> 철 따라 장례식장에서 가족회의가 열리고
> 산소 아래 앉아 벌건 국밥을 먹었다

소화기내과 검사실 앞
시퍼런 가운을 입고 줄을 선다
미닫이문이 열렸다 닫히고
혈관에서 피가 뽑히고
마취제 뒤를 따라 긴 코뿔소 한 마리 나타나
목을 통과하고 식도를, 십이지장을
헤집고 다닌다
나는 도마 위 생선이 되어
침을 줄줄 흘리고
님, 숨 쉬세요, 숨만 쉬세요 숨!
간호사의 말 아득하게 들리고
코뿔소는 열심히 카메라 플래시를 번쩍이는데
정신줄 하나 텅 빈 위장에 남아
잘살겠다고 아우성이다

—「위내시경」 전문

이 작품에서 화자는 오빠, 아버지, 할아버지의 연쇄적인 죽음을 맞는다. "철 따라 장례식장에서 가족회의"가 열리는 이 상황은 두 가지 비극을 내포하고 있다. 하나는 이 죽음이 잇달아 발생했다는 점이고, 다른 하나는 이 연쇄적 죽음이 통상적인 질서를 벗어났다는 점이다.

친족의 죽음은 그 자체로서 아픔이고 비극인데, 이 작품에서 화자가 맞는 친족의 죽음은 슬픔을 다독일 시간적 여유를 주지 않고 연쇄적으로 일어난다. 그리고 이 죽음은 시간의 질서를 역류하여 나이 든 어른이 자식을 앞세우는 참척지변(慘慽之變)의 슬픔을 담고 있다. 봄이 복통처럼 찾아온 것은 이 일련의 죽음이 그만큼 고통스럽기 때문이다.

화자는 정신적 고통이 몸의 고통으로 전이되어 병원을 찾는다. 화자는 위 검사를 받으며 내시경이 코뿔소 같다고 생각한다. 온갖 것을 헤집는 코뿔소는 화자가 맞닥뜨린 무지막지한 현실에 대한 은유다. 이 코뿔소 앞에서 화자는 "도마 위 생선"처럼 나약하기 이를 데 없는 존재일 뿐이다. 화자는 고통 속에서도 자신의 태도를 응시하며 "정신줄 하나 텅 빈 위장에 남아/잘살겠다고 아우성이다"라고 말한다. 정신과 육체의 분별조차 넘어선 이 비극적 상황에서 화자는 정신줄을 놓지 않으려 애쓴다. 이 애씀은 비극적인 상황을 통과해가는 화자의 자세이다.

개인의 삶에서 참척지변의 트라우마는 그 어떤 역사적 트라우마보다 힘이 세다는 것은 일찍이 여러 문학작품들이 입증해왔다. 이 참척지변의 트라우마는 일체의 진위 판별이나 인과적 설명을 넘어선다는 점에서 트라우마의 전형을 보여준다. 이 트라우마가 보장하는 진실은 앞서 말했듯이 오직 실존적 고통의 현존이어서 그 외의 것은 모두 가짜나 허상으로 머물 수밖에 없다.

시인은 이번 시집에서 이 트라우마를 반복적으로 불러냄으로써 그것이 얼마나 고통스럽고, 원형적인가를 잘 보여준다.

핏줄로 엮은 인연 다 모였다
정적이 흐르고
흰 천에 감겨 냉동된 채 하룻밤
주무시고 나오는 아버지, 긴 잠에 빠져 있다
당뇨와 고혈압 뇌경색인 어머니의 병적인 잔소리와
백을 바라보는 할아버지의 철저한 사랑 속에 갇혀
자신을 학대하며 살아온 아버지

—「입관」 부분

안동군 와룡면 지내리
느티나무 아래 운구차가 멈췄다
병상에서 지내리 614번지를 반복해 읽어내던 곳
할아버지는 이곳 정자에 앉아
느티나무 친구에게
아들 셋에 손주까지 앞세운 당신의 가슴을 열어 보이며

깡소주로 시장기를 달랬다

—「이별식」 부분

자꾸 밥을 짓고
자꾸 밥을 먹고
자꾸 머리를 감는
어머니를 요양원에 모셔놓고
엘리베이터 내려 현관문을 여니
집안이 온통 흐리다

아흔두 해 걸어온 기억의 샘에 물이 말라
며칠씩 광 속에 갇혀 허우적거리다가
멀쩡히 돌아앉아 또 밥을 청하는 어머니

—「매운 밤」 부분

시인이 불러내는 트라우마는 마치 한여름에 겨울코트를 입고 있는 것처럼, 그 자체로 갑갑하고 고통스럽다. 「입관」에서 아버지는 할아버지와 어머니 사이에 끼어 살며 자신을 학대하다 살다간 존재이고, 「이별식」에서 할아버지는 아들 셋에 손주까지 앞세운 고통을 견디며 살다간 존재이다. 또한 「매운 밤」에서 어머니는 기억의 샘이 말라버려 며칠씩 광 속에서 허우적거리는 존재이다.

시인은 이러한 트라우마를 지나오면서 이 세계에 대한 진위 판별과 인과적 설명에 대해 깊이 회의하게 된다. 앞에서 인용한 시 「낯설고도 기이한」, 「다큐— 같은」 유형의 작품들이 이를 잘 보여준다.

시인이 자주 두 개의 사건이 병렬적 구조로 대비되는 형식의 작품을 쓰는 것도, 시인의 의식 속에서는 일반적 서사 구조가 현실에 대한 진위 판별과 인과적 설명을 담아내기 어렵기 때문이다. 그런 점에서 홍현숙 시인의 시에 나타나는 병렬 구조는 현대시론에서 자주 얘기하는 이른바 '병치 은유'와는 차이가 있다. '병치 은유'가 이미지의 선명함을 지향하는데 반해, 홍현숙 시인의 '병렬 구조'는 현실을 분별하고, 나름의 서사를 구현하기 위한 '실존적 의지'가 반영되어 있기 때문이다.

미사에 참례하겠다고
학성동 어느 모퉁이 돌아서는데
낯익은 불빛이 발목을 잡는다
무심히 지나온 이 길
중고전자제품 할인매장 앞
버림받은 것과 구원받은 것들

이들만의 구역이 다채로운
그들 중 영업용으로 마감한 냉장고의
찌그러진 문틈으로
붉은 눈물이 흐르고

—「저녁 미사」 부분

영하 20도의 설원을 달리는
선택받은 1퍼센트, 씨수말
홍삼식사에 이천 평 놀이터
그는 황제다
짝짓기만 하는 수말
놀고먹다 암말 사랑해주는 게 유일한 노동
(중략)
그 시간
구제역풍 찾아온 누렁이네
큰소는 2분
암소는 1분 간격으로
송아지마저
숨을 거두고 있었다,

—「선택받은 1퍼센트와 1분의 운명」 부분

위의 두 시에서 각각 대비되는 것은 "버림받은 것과 구원받은 것들" 이다. 시인은 현실을 분별하고, 가치를 부여하기 위해 두 개의 상황을 대비시킨다. 그것은 투라우마 속에서 '정신줄' 을 놓지 않으려는 노력중의 하나이다. 시인이 여러 편의 시에서 절과 성당을 찾아 종교적 성찰과 정신적 안식을 취하려는 것은 이러한 트라우마가 가져온 결핍을 채우려는 노력의 연장선상에 있다고 할 수 있다.

3.

트라우마와 결핍이 서로 길항하는 것은, 이들이 역사적 시간의 질서가 얼마나 표피적으로 구성되었는지를 반증한다는 점에서 공통적이기 때문이다.

트라우마와 결핍에 시달리는 사람의 입장에서 볼 때, 과거와 현재의 유기적 관계에 기초한 역사적 의미란 가짜이거나 허상에 지나지 않는다. 이것들과 현재의 삶 사이에는 넘어설 수 없는 간극이 존재한다. 따라서 이를 견디는 현재적 삶이란 무한한 기다림일 수밖에 없다.

베란다 이중창 사이에서 낀
박재된 여치 한 마리
무심코 다가온 진공청소기에

꼼짝없이 걸려 있구나
마른 진공터널 입구에서 계절을 잊고
시간을 놓치고
파랗게 질린 채 멈춰버린 너
(중략)
다소곳이 입 다물고 눈 뜬 몸
안은 채로 수절한 너
기다림이
지루했구나
누군가 돌아와 끌어안으면
와삭!
온몸으로 대답했을
너

—「기다림」 부분

화자는 이중창 사이에 낀 박제된 여치 한 마리를 두고 "계절을 잊고/시간을 놓치고/파랗게 질린 채 멈춰버린 너"이자, "다소곳이 입 다물고 눈 뜬 몸/안은 채로 수절한 너"로 표현한다. 화자가 '너'로 지칭 하는 여치는 앞서 말한 '실존적 고통의 현존'을 상징적으로 보여준다. 이 실존적 고통의 현존 앞에서 화자는 "기다림이/지루했구나"라는 말로 자신의 삶을 투사한다.

이 기다림은 현실 속에서 결과가 성취될 수 없는 기다림이라는 점에서 계속 유예될 수밖에 없는 기다림이다. 화자는 그것을 분명하게 인식하고 있기 때문에 그것이 실현되는 순간을 "와삭!" 이라고 표현한다. 온몸이 부서져 내리는 것이, 오랜 기다림의 결과이자 응답이라는 것은 비극적인 세계인식이다.

많은 시들이 트라우마와 결핍 위에서 꽃을 피운 점은, 시의 본질 중 하나가 이 트라우마와 결핍을 통해 현실을 부단하게 재인식시켜주는 데 있다는 것을 확인시켜 준다. 우리가 몸 담고 있는 현실이 허상일 수도 있다는 점을 부단히 일깨워 줌으로써 현실을 바로 보게 할 수 있다는 역설이 가능한 것이다. 시에서 비극적인 세계인식이 긍정적으로 작동하는 것은 이 때문이다.

프랑스의 정신분석학자인 라깡도 트라우마가 지닌 능동적 기능에 대해 주목했다. 그는 트라우마를 앓고 있는 사람이 자신의 트라우마를 통해 타인의 트라우마와 만나게 되는 방식을 분석해 이를 증명하고자 했다. 그는 트라우마에는 타인의 고통스런 경험이 잠재되어 있고, 그 고통의 신음소리는 명확한 언어로 재현될 수 없다고 말했다.

라깡은 꿈이란, 이러한 타인의 죽음을 인정하고 싶지 않은 무의식적 욕구일 뿐만 아니라 내가 받아들일 수 없었던 죽음의 현실에 직면하게 만든다고 분석했다. 꿈은 역설적으로 우리를 깨어나게 하는데, 그것은 타인의 죽음 앞에서 마비되었던 나의 무력함을 끊임없이 일깨우기 때문이다. 그러한 각성은 견디기 힘든 고통을 수반하지만, 이 고통 속에 삶의 가능성이 놓여있다는 점에서 역설적이다.

시인이 앞에서 인용한 작품 「다큐— 같은」의 마지막 부분에서 "내 꿈이/흔들리고 머뭇거리는 동안/오월은 지나갔고/숲은 푸르고 깊었다"라고 표현한 것은 이러한 가능성을 보여준다.

라깡에 의하면, 트라우마가 능동적 기능을 하는 것은 이것이 '사라진 타자와의 약속'이기 때문이다. 트라우마는 타자의 호소에 적절히 응답하지 못했음을 일깨우는 동시에 그럼에도 불구하고 부단히 응답에 노력을 경주해야 함을 일깨운다. 내가 타자의 호소에 응답하지 못한 나 자신에 대해 되묻게 될 때, 비로소 타자는 내게 말을 건네고, 새로운 삶의 가능성이 열리게 된다는 것이다.

> 툇마루 아래 조촐하게 차려진 술상
> '내 한 잔 먹고 갈란다'
> 평생 반주로 사셨던 할아버지

자손들은 술을 권하고
낡은 대문에 기댄 채 녹슨
괭이, 호미, 삽자루들은 그의 손을
기억해내느라 바쁘다
처마기둥에 멈춰 있던 벽시계도 이별을 읽느라 힘겨운데
이별주 한 잔 거나하게 드신 할아버지
614번지를 한 바퀴 빙 돌고 계신다

―「이별식」 부분

이유 없이
베란다 구석으로 몰아내
헝클어진 잎 송두리째 잘라
죽거나 말거나
마음에서 멀리했던 실란
불쑥 꽃 한 송이 터트려놓곤
빨래 널던 바짓가랑이 잡고 놓지 않는다

―「실란에게 마음을」 부분

습기 먹는 하마가 터질 듯한 배를
움켜쥐고 하소연이다
이들 뒷수습에 만성 두통으로 지끈거리는데

옷장 거울에 비치는 노란빛 한 컷

베란다 한쪽에
저 혼자 핀 양란
일명 댄싱 걸, 온시디움
노란 드레스가 화려한
장마 그 훗날

—「장마, 그 후」 부분

내 발바닥은 페달과 하나다
나는 동그라미 두 개 위에 앉아
길을 돌돌
둥글게 말며 간다
나가고 있다

—「동그라미의 만족」 부분

위의 시들은 시인이 타자에게 마음을 열고 새로운 관계를 만들어 가는 과정을 보여준다. 할아버지의 장례를 보여주는 작품 「이별식」에서 화자는 할아버지와 관계 맺었던 사물들과 시간들을 하나하나 호명함으로써 할아버지와의 이별을 구체화 한다. 이별을 구체화하는 것은 가는 사람을 달래는 방식이기도 하지만, 동시에 보내는 사람이 자신의 마음을 달래는 방식이기도 하다. 화자는 할아버지의 운구 행렬이 고향집을 도는 것을 자세히 묘사함으로써 할아버지의 고단했던 삶을 위무하고, 슬픔에 빠진 자신의 마음도 달랜다.

시인은 이번 시집에서 여러 편의 작품에서 화분을 소재로 다루고 있는데, 인용작 「실란에게 마음을」, 「장마, 그 후」가 그 대표적인 예이다. 이 유형의 작품들은 대부분 '발견' 의 구조로 되어 있다. 이 작품에서 알 수 있듯이 시인은 대부분 무관심했던 화분을 새로이 발견하는 기쁨을 노래하고 있다. 화분의 발견은 시인이 지리한 '장마' 를 지나 타자와 새로운 관계를 맺고자 나아가는 출발 같은 것이라 할 수 있다. 시속의 화자는 무관심 속에서 홀로 꽃 핀 화분을 발견하고는 내 고통도 함께 지나가고 있음을 확인하고자 한다. 화분의 발견이 곧 타자의 발견으로 이어져 새로운 삶의 가능성을 열고 있음을 알 수 있다.

이번 시집에서 가장 경쾌하게 표현되고 있는 「동그라미의 만족」은 시인이 꿈꾸는 행복이 어디에 있는가를 잘 보여준다. 그것은 발바닥과 페달이 하나가 되어 나아가는 세상이다. 발바닥이 실존을 상징한다면, 페달은 이 세계를 상징한다고 할 수 있다. 실존이 세계를 둥글게 말아서 앞으로 나아가는 세상은 나와 세계와의 사이에 간극이 존재하지 않는 세상이다. 시인이 여러 편의 시에서 실존의 상징인 '발'에 주목하는 것도 이 때문이다.

홍현숙 시인은 이번 첫 시집을 통해 트라우마와 결핍을 진솔하게 드러내면서 시인으로서의 밑자리를 넓게 펼쳐놓았다. 그것은 비록 고통스러운 일이지만, 시인에게는 실존과 세계 사이의 간극을 확인한 작업이라는 점에서 큰 의미를 지니고 있다. 이러한 자산이 다음 시집에서 보다 많은 질문과 좋은 작품들로 이어질 것이라 믿는다.

시인의 말

나는 아직 시를 모른다.

시의 꽁무니에서 시답잖게 살다가 잃어버리는 것만 수두룩했다. 시집을 묶고 보니, 지금은 묻혀버리고 없는 고향집 마루 밑, 어둡고 침침한 곳에서 풍기는 알싸한 냄새가 그립다. 박쥐와 거미줄이 엉킨 그곳에 숨어서 식구들의 소리를 훔쳐 듣는 게 좋았다.

이제 내 목소리를 들려줄 차례이다. 지나온 시간과 살아온 곳이 나를 외면할까 두려웠다. 하여, 그동안 우리집 울타리같이 함께 있어준 사랑하는 이들과 조건 없이 시집 한 권 나누고 싶다.

하늘나라에도 돋보기가 있을까! 아버지께 다음 길을 묻는다.

2011년 가을 무실동에서
홍현숙

동그라미의 만족

2011년 11월 7일 초판 1쇄 찍음
2011년 11월 11일 초판 1쇄 펴냄

지은이 _ 홍현숙
펴낸이 _ 양동문
펴낸곳 _ 詩와에세이

신고번호 _ 제319-2005-000014호
주소 _ (120-865) 서울시 서대문구 북아현동 1-495 세방그랜빌 2층
대표전화 _ (02)324-7653, 070-8877-7653
팩시밀리 _ 0505-116-7653
휴대전화 _ 010-5355-7565
전자우편 _ sie2005@naver.com
공 급 처 _ 한국출판협동조합
주문전화 _ (070)7119-1741~2
팩시밀리 _ (031)944-8234~6

ISBN 978-89-92470-67-7 03810